설빙화

정이담 글

출판의 변

시를 쓰는 이유는 읽고자 하는 것 이상이다. 다양할 것 같으나 그 목적에서는 그 범위는 넓지 못하다. 그리고 출판하는 데는 그 이유가 하나 더 붙는다. 어떤 까닭을 동원해도 물질의 보상이 있다. 세속을 살면서 이런 것에 마주하기에 부정하기 어렵다. 사실이며 현실의 그늘에서 벗어나고자 하는 지극히 평범한 이들의 바램은 한결같다.

그러나 그건 원하는 건 이루지 못한 걸 뜻한다. 엄청난 것을 갈구하는 것도 아니다. 시인들에게 바램은 그것에서 온다. 이루지 못한 것을 비구상으로 풀어내는 것이다. 그렇기에 정이담 작가는 '시인은 문학적 철학자'라고 이른다.

작게는 상처받은 자아를 회복하고 억압된 것을 감수성으로 표출하며 크게는 현실의 모순을 극복하고 더 나은 세상을 꿈꾸는 것으로 포괄적으로 집약할 수 있다. 시를 쓰는 동안이라도 자위적인 위로와 위안으로 현실의 인간적인 결핍, 갈망, 열망에서 비롯되고 있다. 나아가 일상에서 벗어나 새로운 공간을 생성하여 창조적 사유를 경험하며 문학적 도구로 새로운 그리고 이상적 세계를 지향하는 것 등에서 시를 쓰는 이유를 구하기도 한다. 정이담 작가의 말을 빌리면 고발적 낭만이 그것이다.

작가는 말한다.

단지 글의 수사적 미학을 탐닉한다면 글 안에서 쳇바퀴를 도는 것에 불과할 수 있다. 사실 문학이라는 영역이 없어도 살아가는데 전혀 지장은 없기 때문이다. 그러나 상처받은 자아를 세월의 상처 그리고 일상적인 삶의 구조적 모순이나 부조리를 극복하고, 보다 바람직한 세상을 찾기 위한 시각의 지적 수준의 고양을 위한다면 상황은 다르다.

무엇보다 글을 통한 인간미학의 완성에 건설 재료를 하나 없는 것일지라도 인간 본연의 존재로서 그리고 일상의 평범함이 소중하다는 데 보다 인간적이고 아름다울 가치추구는 분명하다. 따라서 작가는 '표현에 집착하는 것'을 사양한다. '어떻게(how to do)'가 아니라 '왜(reason why)'를 소홀히 하는 건 작가가 보아야할 것을 놓치고 뭐가 중시되어야 하는 지 간과한다고 지적한다.

이러한 정서는 작가의 평소 언급한 것을 모아 놓은 것에 불과하다. 다 옮기지 못하였고 그나마 제대로 옮겼는지도 알 수 없다. 이번 출판에서 기획한 정이담 작가의 시는 독자들에게 쉽게 다가가고자 하는 데 초점을 두었다. 짧고 간결하게 인상적으로 비춰진 것을 나름 선별하였다. 그 주제는 일상의 평범함이 이기적 현실에서 멀어지기를 바라는 것들로 이루었다. '늘 사랑이 고프다'라는 세월에 독자들의 일상적인 위로로 전해지기를 바란다.

2025년 9월 2일
제이비 도서출판

작가의 말

어쩌면 필자의 소견이나 문학은 눈물을 전제로 하는 슬픈 영역이다. 감동이 진할수록 시련이 깊고 넓으며 가히 극복해서야 비로소 숨 쉬게 한다. 이런 면에서 작가야말로 애환과 격정, 그리고 감동거리를 굳이 찾아다니는 봇짐장수이기도 하다. 자신만의 경험으로 부족하거나 선험을 맞춰보며 다른 이와의 공감거리를 모색해야 하는 '참으로 기구한 운명의 소유자'다. 단지 빈약한 상상에 의존하지 않는다면 그렇다.

아쉽게도 빈곤한 살림에 풍요로운 상상력이라는 말은 그렇다. 푸념과 넋두리로 채워지는 건 아닌

탓이다. 실상 상당의수 문호는 그런 거와는 거리가 멀었다. 경험적 가치를 중시한 까닭이다. 필자의 시각은 이렇다. 알려진 이들의 감수성도 그러하나 너무도 평범하여 눈 여겨 두지 않은 이들의 감성이 오랜 여운을 남긴다. 누가 지었는가 하는 것보다 그 내용에서 다져진 흙이 굳어 바위가 되듯이 말이다. 글은 그러한 것에 일조라도 한다면 더 이를 것이 없다.

졸작들이 그런 궤에 걸릴 거라고 여기지 않는다. 다만, 흔히 접하는 일상의 흔적과 자취에서 우리가 사는 것을 옮기고자 하였다. 어쩌면 필자 역시 너무도 평범하게 살아내는 이들 중 하나이기 때문이다.

필자는 말하고 싶다. 이번 〈설빙화〉에서는 삶에서 기본 감성에 충실하다는 것이 흔하지만 중요하다고 여긴다. 그런 거 없이 사는 이가 있을까? 하여, 울고 싶을 때는 우는 것이다. 눈물을 아는 삶이 얼마나 슬픈 지는 울어본 사람만이 안다. 허나, 그것을 보고 아름답다고 할 수는 없다. 더 일러도 그러하나 삶은 늘 녹록치 않다. 그렇다고 녹슨 농기구처럼 방치할 수도 없다. 마음이 녹슬지 않도록 우리는 끊임없이 시련처럼 맞닥뜨린 오늘에 응전해야한다. 그리고 살아내야 한다. 우리가 아는 것이며 겪는 것이다.

흔하지만 소중하다.

그리고 그것 없이 숨 쉬는 것은 겁다. 우리는 그렇게 살아가고 있다. 그것을 모르고 있을 뿐이다. 우리가 모른다는 그것은 '때문에(because of)'와 '덕분에(thanks to)'로 인해 두 갈래로 갈라진다. 그건 또 삶의 운명과 숙명으로 그리고 어떻게 달랠 것인가에 달렸다. 더 일러야 하나 짐작되는 것이다. 스스로 그러하기 어렵다면 시를 읽는 것으로 달래는 것도 삶의 한 가지이다. 글은 눈으로 보지 못한 아름다운 것들의 모듬이다. 그렇다면 그 '덕분'이다.

설빙(雪氷). 글 그대로 흙의 습기를 모아 겨우 버티며 추위를 견디는 걸 상징한다. 겨울이 끝나기 전이 더 추울지는 알 수 없다. 부풀어버린 기다림에 참지 못하고 서둘러 피는 봄꽃이 시샘에 처하는 게 우리를 닮았다. 그러나 척박한 환경에서도 싹을 틔워 꽃을 피우는 굳건함은 우리를 대변하는 우리의 자화상이다. 시련을 이겨내고 희망을 전하고자 시집의 제목으로 선택했다. 설빙화가 볕에 녹아 봄의 움과 싹을 틔우는 희소식의 전령사인 덕분이다.

끝으로 이번 시선으로 선정된 데 지면을 빌어 제이비(jb)에 감사를 전하며 독자들에게도 건승을 바라는 것으로 가름한다.

2025년 8월 말

기린봉(麒麟峰)을 바라보면서 저자 배상

설빙화(雪氷花)

| 차 례 |

출판의 변 i	20 나의 존재
작가의 말 v	21 나쁜 남자
가시의 발견 1	22 낙엽, 계절시집
가을 벼 2	23 낙화미학
가을 담쟁이 3	24 너 I
가을의 여인 4	25 너 II
갈대 5	26 넝쿨
겨울 무명초 6	27 노숙의 달빛
경칩 7	28 노을
고목 8	29 님의 소식
고독 9	30 담쟁이
곡초(穀草)와 잡초(雜草) 10	31 당신이니까 I
공감 11	32 당신이니까 II
그 사람 12	34 독가시
까치야 우지마라 13	35 돌탑
꽃 한 송이 14	36 단풍
꽃사과 15	37 둥근 달
꿈 16	38 들국화의 꿈
나비의 꿈 17	40 파리
나, 깨어나고... 18	41 매미

명언 42	64 사는 이유 하나에
명절 밥상머리 43	65 사랑이라면
모악산(母岳山) 44	66 사막꽃
목련화 45	67 사색의 변명
무명화 46	68 새 한 마리
미포(尾浦)의 순정 47	70 생각먼지
백설기(白雪祈) 48	71 서민
벌레소리 49	72 서민의 달
보릿고개 50	73 섬 하나의 사랑
본능 51	74 섬
10월 낙엽길 52	75 설빙화(雪氷花) Ⅰ
봄소리 53	76 설빙화(雪氷花) Ⅱ
봄길 54	78 섬노을
봄매화(雪梅) 56	79 쉼터
분노 57	80 소고(小考)
빈손 58	81 소나기
사과나무 연정 59	82 수련
사과의 연정 60	83 시련
사기인생 61	84 순창 오일장
사노라면 62	85 시연(施緣)

| 차례 |

- 어머니의 세월 86
- 안개꽃 88
- 애수(哀愁) 89
- 애추(哀秋) 90
- 억새 91
- 연(戀) 92
- 연꽃 93
- 연모(戀慕) 94
- 연밥 95
- 위로 96
- 은유하는 삶 97
- 이방인 98
- 인내 99
- 일심동백 100
- 잠자리 101
- 저녁이슬 102
- 집념 103
- 진달래 104
- 추사(秋蛇) 106
- 착각 108
- 109 천변 노을
- 110 청춘
- 111 하늬바람
- 112 풀잎
- 114 하루의 안부
- 116 하얀 해당화 다시 피는데
- 118 하얀 들국화
- 119 하얀 붓꽃
- 120 하일서정(夏日抒情)
- 121 함께여서
- 122 해넘이 사랑
- 123 해바라기
- 124 해바라기처럼
- 125 행복하기 Ⅰ
- 126 행복하기 Ⅱ
- 127 향수
- 128 황매화
- 129 회모(悔慕)
- 130 12월 시민

생활하여

가시의 발견

뜻밖일까
어제 밟은 풀이 죽어 있다
그제 토한 구토물에
파리들이 모여 있다

무심코 하던 거라고
다 같이 하는 거라고
사소한 거에 불과하다고

구박하는 이에게 이른다

'까불고 있어!'

찔리면 나도 아프다

가을 벼

난 이렇게 아린데
미안스레

시달려온 세월
그 조아림에
당신의 땀방울에 품어

누렇게 익어가기까지
벼만 벼가 아닌
난 아직도 가슴 아린데

가을 담쟁이

녹슨 계절의 벽에서
낡은 봄을 기억한다
청춘의 이파리를 물들여 가며
내려갈 길을 알아가는 미소로
한 잎 한 잎
살아낸 자취는
꺾이지 않은 꽃다발이라며
한순간의 여느 때라도
스스로 운명을 일구어
비스듬한 벽을 움켜 살아내는 게
화려한 가을에는 은퇴는 없다
부러지지 않는 꿈이라며
혼자 주절거린다 하여도

가을의 여인

톡톡톡 한 듯 하이 연하여 않은 듯이
그 낯빛 발그레한 홍조의 화장이라
여울의 님의 기다림, 못 보내는 세월인가

익은 듯 설익은 듯 수줍게 숨어든데
여미는 계절 옷깃 바람에 스미올 때
뉘 있어 아름다움을 견주어 이르올까

그대여 가을인가, 다시 부르시오면
어느 때 보아도 그대로 아름답지만
단풍은 아니 뵈고서 그대만 보이는가

갈대

위로하지 마라
너는 외롭지 아니하랴
언제는 물어보고 답답했드냐
어찌 나만 겪었다 하느냐
아무렇지 않지는 않다
그래도 고독을 알았으니
바람 길을 아는 네 옆에서
더 외롭지 말라고
세월을 셈하고
그리움은 건졌을 삶이다

겨울 무명초

싹이 오른다
받고 나서야 아름답다고
말하지 않으리라는 다짐도 없이
바람이 지나는 언덕은
아무 바램도 없을 것인데
가슴보다 크다고 할 수 있을지
볕 적어 노란 움으로
흙을 헤집고 푸르게 봄을 꿈꾼다
하물며
지난날의 허물이 무언지 몰라도
아니 어쩌면 사는 그날까지
아직도 방황하는 날에도
미처 깨닫기까지는
우는 것이야 살아 있다는
그 흔적에 희망 하나 없을 리야

경칩

얼어붙은 들
꽃 시새워
놀라 도로 숨어드는
벌레 꿈꾸는 소리

고목

그때 그렇게 그리워
다시 그렇게 보고파
눌러 붙는
세월

고독

긴 그림자
황혼녘에
스쳐가는 바람도 없이
해거름에 묻혀간다

뜻대로 되는 삶이 아니려니
공연히 시름할 것도 아닌 걸

적당히 행복에 겨운
하루의 여백이 놀라워도
깨진 구름 사이로
석양을 보는 것이 즐거울리야
붉게 마르는 풀 속에서
아주 작은 소리로
풀벌레 숨 죽여 우는 핑게로
늬 생각이 더 나는
그 외로움의 공백이라면

곡초(穀草)와 잡초(雜草)

벼논에 몇 개의 피가 있다고
뽑아내야 할까
피 논에 몇 개의 벼가 있다면
짓이겨야 할까

벼는 벼대로
피는 피대로
곡식인가
잡초인가
그리고 나는 어디에 있는가

공감

피어날 수 있었다
혼자 할 수 없는 함께 라서
그늘 없는 이끼 속에서 숨 쉬며
그 겨울 두려움에서
봄이 피기까지

그 사람

저기서도 이쁘더니
여기서도 이쁘네
어디서나
꽃은 꽃이고
이쁜 건 이쁘다

까치야 우지마라

까치야 우지마라, 가노니 세월이야
걸음은 더디언데
한가득 근심일 제
벌겋게 물이 들어도 해넘이도 힘들겠다

어여 설워라니, 미물로 흐느끼는고
네 무슨 설움 있어
까치밥 거르었더냐
차마 쪼을 수 없어 붉은 가여움이더냐!

꽃 한 송이

세상살이라는 그것
다 거짓은 아니라는 건 알고 있다
그래도 믿고 싶다
손바닥만한 흙을 머리에 이고
길 따라 쳇바퀴 돌면
세월에 진 짐이 가벼워진다는 그 말들과
밥 한번 먹자는 약속처럼 날아가는 것까지
알고도 속고 모르고도 속는다 하는데
처세의 영악을 포기하면서
다 알고 싶지는 않았다
단 하나만 빼고
예쁜 건 예쁘다는 그것을
네 곁에서 보고 있다
마땅히 받고 싶은 만큼
진자리마저 햇볕 내리게 해야 한다며

꽃사과

사는 이유로부터
늘 겨워하던 나날에
무심코
그러나 상심하지 않았던 삶
이기는 게 아니라
고스란히 견디며
너는 이리 이쁘나 보다
오늘도 고마운 걸 못 잊거니
너는 가까이 있고
하루에 하루 깊어가는
행복은 멀리 있지 않다는 걸
너는 알고 모르는 나는
다시 또 알 수 있을지 모르는 데
분명 너는 이 가을에 꽃이었다

꿈

소라껍질 주워
가보지 못한 바다를 날마다 듣는다
누구에게도 말하지 못하는
어둠에 사라지는 기억에도
새벽공기는 봄이라는데
마음 놓고
바다에 가지 못한다
떨어질 꽃잎이라면
피어서는 안 되는 것인가
별을 닮은 소라를 안고
안 되는 걸 기도하는 운명처럼
데려다 줄 바람을 기다리는 것만은 아닌 데도

나비의 꿈

벼랑 끝에 있어도
원하는 대로 부는 바람은 없다
갈피 없는 허공보다
질척거리는 땅을 좋아하고
누군가 보고 싶으면 바다로 간다는
껌뻑이는 벌레처럼
아직도 끊어진 희망 조각을 모아
그리움 대신 파도가 밀려오는
그 이유에 아른거린다

인생은 퇴고 중이며
습작은 끝나지 않는다
이유는 충분하고 날아야 날 수 있다

나, 깨어나고...

나, 깨어나고
그대 슬퍼하는 사람이여!
그대 눈물을 받아주리라
이 가슴 깊은 곳 안식처 되어
그대 품어 안으리라

그대 아름다운 이여!
거친 삶은 지나가고
사랑은 영원한 것이리니
밤하늘의 별빛도 흐리고
때로는 울기도 하는 것을!
그대 울면 같이 울어 주리니
그대 슬퍼할 줄 아는 아름다운 사람이여!
거친 파도는 물비늘의 심해를 위하여
슬픔을 거르는 것

안개 걷히면 더 밝은 빛이 비추고
이슬에 촉촉한 눈은 더 이쁠 것이리니
하늘이 이 삶에 허락하는 날들에
그대이기에
사랑하는 그대를 위하여
나, 사랑으로 깨어나
그대, 품어 지켜주리라

나의 존재

사람과 인간 사이
어디까지 나빠질 수 있는가를
확인하고 있다

나쁜 남자

너
네게 많은 걸 바라지마

꽃 앞에서
뭔 말을 하라고

이쁘고 사랑스럽다는
그것 밖에 모르니까

낙엽, 계절시집

낙엽, 가을 시집이라며
짤막해서
아주 가끔은
볼 수는 있었다
길지 않아서 한 번쯤은
읽을 수도 있었다
보겠지 볼 수 있겠지라며
허공이 푸르러서
눈 시리게 아름답다며
빈 주머니 주섬거리다
또 대신 줍고 만다
가을시집이라는 낙엽을

낙화미학

흐르는 바람이라면
얼마나 아깝지 않으리
의지하려는 나약함 속에
꽃잎이 떨어지는 이유는 분명하고도
시든 이유를 묻지 않는 길에
얻은 결과는 아무런 자각 없어
뜻 없이 구르는 돌에도
꽃은 웃음을 잃지 않는다
아스라이 상상이 사라진 날에
꽃은 다음을 기대하지 않고
벌과 나비가 없는 곳까지
기억 없는 존재로 인해 사라진다 하여도
추함을 피했다면
뜨거운 찰나에 아쉬울 거 없이
아무런 까닭 없이 오가는 것 없으니

너 I

비 맞은 코스모스

이쁘구나

너여서 그런거지

너 II

사랑한다
너여서

넝쿨

가시에 찔리는 꿈을 꾸었다
기분 나쁜
그러나 그건 반대라지
너를 보기 위해서라고

넘어졌으니
일어서야지
혼자서, 아니 혼자이기에
바람에 쓰러진 풀처럼
햇살을 향하여

노숙의 달빛

그렇게 빌어도
떨어지지 않는 꿈 한 덩이
살아가면서
미소의 기억은 희미하다
낙엽을 곁에 두는 풀의 바람이란
바람에 흔들리지 않는 거
하얀 눈이 내리면
끊길 전기에 냉기를
미리 걱정하는 것도 복이라고
닫아버린 약방처럼
돌아서지 않는 세월에도
이미 달빛은 길을
밝혀주고 있었다면서...

노을

대지와 허공 사이
없는 그늘에 숨어 울던
도라지꽃이 슬픈 날
떨어진 얇은 잎을 입술에 물고
짧은 호수에 그려놓은
긴 구름 붉은 그림자에
잃어버릴까
자꾸 그려놓아도
떠오르는 얼굴로
들녘 나무 한 그루
먼 언덕을 바라보다
마르지 않을 시름을 이고
버텨내는 또 하루의 해거름

님의 소식

오셨군요
이리 오실 것을
오셨으니 다행입니다
더 바라오지 않았으니
봄을 사랑해야 하는 이유로
당신이오면 충분합니다
이제서야
꽃이 꽃으로 보이겠습니다

담쟁이

가리지 못한 날의 돌무더기
부끄러운 줄 모를 몽상을 기억하며
이 계절에 깨워도
아무도 관심이 없다 하여도
그래도 더 부끄러운 건
곁을 외면하는 방종이라며
이파리 바람에 떨면서도
뜨거운 볕을 마다않고
거친 뿌리발로 감싸 오른다
살아 있는 집념은 가엽지 않고
내일에는 오늘과 같은 염치를 외면하기 위해
잘못된 결정을 부끄러워하며
구멍 난 곳을 메워야 한다

끝내 잎 사이로 꽃 피는 날이
언제일지는 몰라도
결코 선택은 잘못되지 않았노라고

당신이니까 I

고민, 하지 말아요
걱정, 하지 마세요
이고 지고 등에 업고 힘든 일도 많지만
구름이 지고 비가 내려도
내일의 해는 떠오릅니다

걱정대로 살고
웃는 대로 사는 세상

눈앞에 근심 떨쳐 버려요
그대 당신 잘해 왔어요
좋은 것만 생각해도 모자란 세월 속에
훌훌 털어 내세요
허허 웃어 주세요

당신이니까
당신이니까

당신이니까 II

주저하지 말아요
망설이지 마세요
막막하고 답답하고 없을 것만 같지만
안 보인다고 가려졌대도
밝은 달은 돌아옵니다

걱정대로 살고
웃는 대로 사는 세상

이제라도 웃고 웃어요
그대 당신 잘해왔어요
예쁜 것만 본다해도
가버리는 시간들에

훌훌 털어 내세요

허허 웃어 주세요

그대이니까
그대이니까

독가시

누가 이기적이지 않는가
사는 게 전쟁이라더니
그리 외쳐야 가려할 태양인가

역사는 끝나지 못하고
전쟁은 확실히 스릴 넘친다
나만 죽지 않는다면

돌탑

어차피 허물어질 거
서투른 신중함으로
다정히 스쳐 지나가리라
물 흐르던 개울 가운데
그곳에 내릴 물에
돌을 올리는 것이야
차라리 씻어 내릴 찰나 기다림으로
기원하는 하나보다 더 있으리니
무심한 돌멩이 무슨 죄 있어
위와 아래 구분하여
눌리는 고달픔을 대신 하게 할까
원하는 만큼 원하는 것을
흐르는 물 물끄러미
무던한 아픔을 아는 길에
다행 죄 하나 얹지 않았다 하리니

단풍

이루지 못하는 꿈 하나에
저만치 늘 바쁘게
쌓여가는 세월이라는 데
내색 없이 불을 받으며
나를 기억하는
아름다운 너의 사랑으로
이 삶이 두렵지 않다

둥근 달

그대는 남고 나는 떠나지 않았다
풀벌레 먼저 반기던 이 계절에
노을 지면 저녁별 불 밝히고
찾아오는 허공의 빛이라면
어이 반갑지 않으라만
더 반길 이 오실까 하여
한밤중에 잠을 깨도
달 항아리 밤새 빛을 이고
가을 밤바람만 지나가더라니
그대는 남고 나는 떠나지 않았다고
저 달은 기다리는 데

들국화의 꿈

나는 보았다 하리라
보고 싶다던 하얀 미소로
세상사가 생각했던 것과 달라도
보랏빛 동경에 젖어
찾지 못한 꿈이 되어 주는 것을!

나는 보았다 하리라
구름처럼 바람처럼
혼자가 아니길 바라며
옛 일 사르어 사라져가도
등불 켜진 구름의 길 위에
맹렬한 바람이 불고 난 후에
비가 올 가을에도
햇빛의 줄기와 같이
가슴에 피워둔 불꽃을!

길 잃은 이들을 위하여
한결같은 마음으로
나는 보았다 하리라

파리

보고 있다
파리들이 싹싹 빌고 있다
뒷간에서 배회하던 그 놈인가
곰곰이 되새길 적에
주둥이 빨대 늘이고서
겨우 마련한 밥에 앉아버린다
손도 씻지 않고서

아뿔사!
열어놓은 된장독은 어쩔 것인가

매미

가을로 가는
한 계절이 또 늦어진다
선택받지 못한 게다

뭐라 위로를 건넬 수 없다
나도 그런 걸

명언

돈과 인간 사이에서
순간 인생을 건지고
전체 삶을 망치고 있다

콩 조각 던져진 마당에서
모두에게 해당하는 게
어찌 나 혼자에게만
던져진 밥인가

명절 밥상머리

빈 다락을 뒤지게 하는
덕담이 오가고
맞추지 못한 마음에도
수저가 밥 먹는 데 쓰이고
땅뙈기 가져갈
오손도손 다툼에도 쓰이는 것을
그래도 그렇다고 하여도
가까이에서
볼 수 있기를
흐뭇하지 않을 당신 앞에
자주 보고 싶다는 속은 끓어도

모악산(母岳山)

엄뫼
엄뫼시여
근심 뒤로 어이 쉬지 못하시고
굽혀 낮추신 다정 한결같이
볕 바위로 드리운 운무 걷어
내 새끼, 행여 길 잃을까
패인 주름에 굽어 늘 보시오매
어김없이 시름은 끝나지 않고
마른 먼지 털어내지 못한
이 삶에 걸맞은 길은 없어라
뉘 고단할 적에라면
하시라도 뫼기슭 등 내어
기어이 울먹이는 오늘에라도
안도에 숨 쉬며 뵈오기를
당신의 애 깊이 바람에 핀 꽃
온 고을의 엄뫼시여
엄뫼이시여

목련화

사노라니 언제런가
2월 빈 뜨락에
볕을 청하여 봄을 부르면
벽공에 부시는 눈가에는
아쉬운 계절의 미소가 걸리고
셀렘만 주고 아직 오시지 않았어라
하지만
지금은 눈시울로 행복해야 한다
더 기다릴 수 있노라니
그리움 그칠 그날에
님이 되는 꽃이여

무명화

누가 볼까마는
아래로 쳐진 줄기에 꽃이 피는 걸
미소 놓을 새 없이
푸념이 부끄러워
차마 더 마주할 수 없는
다람쥐의 두려운 시선을 안고
가던 길 멈출 수 없다
잊을 건 잊어주고
품을 건 품어
석양보다 붉은 이파리
가을을 마저 그리면
이 날을 더 그리워하겠다

미포(尾浦)의 순정

저 멀지 않은 그 섬에
대여섯 개 조각난 마음을 두고
바다 안개는 막지 못하고
밀려오는 미련은 하얗게 짙어간다
여름날의 비에
동백은 얼마나 젖어갈까
너 아니면 안 되는 것을
당연히 알면서도
갈피없이 거니는 해변에서
취한 듯 일렁이는 하얀 거품에
나는 왜 무엇으로
너를 그리워하는가
사랑이라면 기꺼이 가 보고서야
비로소 사랑인 줄 알게 될거야

백설기(白雪祈)

밤사이
하얀 여백
겨울 깃든 잔가지
바래지지 않도록
설기 가루를 그려 넣는다
서성이는 바람이라해도
그 자리에 맴도는
덧없는 계절 끝에
퇴색하지 말라고
여백을 만들어 놓고
아직 채울게 있다고 알린다
쉬울 리 없는 봄을 미리 맞으며
눈으로 허기를 채우는 주린 날들에
그것마저 없다면이야

벌레소리

비틀거린다
추월(秋月)에 취한 벌레들

보릿고개

앞으로 얼마나 더 기억할까
잊어도 되는 향수라면
빛바랜 앨범처럼
새삼스런 그 때
뙤약볕에 달궈진
부뚜막 굴뚝에 엷은 연기
없는 바람 속으로 낮게 날고
흰 구름 한 자락에
한 숟가락 뜨는가 싶을 적에
배부르다 하시고
당신께서 상 물리시며
마루 끝에서
허기진 끼니를
먼 산 바라보는 것으로
괜스레 궐련초에 재만 길어졌던 것을

본능

꽃이 되기 전부터
꽃을 피우고서도
그리고
꽃이 지어도
사람은 사람일뿐
꽃은 꽃이다
꽃이 아니었다면
찾지 않을 나비는 올 리 없고
돌이킬 수 없는 세월에
사람은 사람일뿐
꽃은 꽃이다

10월 낙엽길

두 번 다시 만날 수 없는 날에도
가을은 슬프지 않다
기억이 없는 당신의 흔적에
이 가을이 더 아름다워야 해서
잊혀 가는 세월
낙엽처럼 쌓이는 그리움에
떨어진 이파리들 차지한 벤치
그 핑계로 잃어버릴 수 없다
절망의 구렁텅이에 빠진 것처럼
방황하는 바람의 옷깃에도
미치도록 이 마음은
이 가을에 슬플 수 없다
기다리는 것밖에 할 수 없다해도
그대 숨결 느끼는 봄날을 위해서

봄소리

나만큼 기뻐할 줄이야
살아있다는 빈 가지 굽어도
거미 지나간 자리에
횃대를 튼 새끼 새들에
꽃 지저귀이면
겨울에는 울었고
이 봄에 울 수 있다니

봄길

오래전부터
나, 가난하지 않았어라

봄은 기다리는 그니 있어
그 봄에는 겨울이 없고
아무것도 가진 것 없이
먼 길에 방랑하여도
푸른 초원으로 반기는 봄이 있어
나는 가난할 수 없어라

마주치는 설은 풍경들
무수한 사연과 그 어린 눈물에 대해서도
수백 년 전처럼 어제는 지나갔고
오늘은 낯선 하루라 할지라도
나의 꽃을 바라지 않는 시샘에도

밤새 달리어 낙화 동백으로 등불을 삼아
임을 향한 길을 잃지 않고서
아주 먼 오래전부터
나, 가난하지 않았어라

봄매화(雪梅)

염치없는 세월
약속의 봄이라며 피워내다니
너 보기 부끄럽구나

분노

울게 하고
울지 않으면
병이 되고
닳아지는 순수

바로 생각해 보면
남아있는 날들에서
첫날인 오늘
그것에 허비될 수 있다

빈손

쥐었다가
놓았다가
쉽지는 않았다
어렵지도 않았다

널 보는 게 더 크니까

사과나무 연정

지나간 날들은 과거
돌이킬 수 없다지만
보고 싶은
그 사람

빗방울 하나에
사과나무 나뭇잎이
물들어 가던 그때처럼

그러나 이제는
추억으로 가는 길에서
기억하려니, 이 세월

다시 또
떠오는 그리움은
그 사람의 행복을 비는 거라고

사과의 연정

작은 잎사귀
뒤에 숨어보던 그날을
기억하고 있을까

하루 하루
커지는 그리움에
저 노을이 억새에 걸리면
붉게 여물어가는가
하나 둘
가을비에 물들어 가면
누구라도 그럴까
그 사람 소식에
발그레지는 님이여

사기인생

줄 때 보이지 않던 게
받을 때 보인다

그게 나라는 걸
아직도 모르는
나는 내가 잘하고 있는 줄 안다

사노라면

사노라면
세상 모든 슬픔을 기억하고도
나뭇잎이 떨어지는 날에
오랫동안 길을 잃고
아무런 자극도 없이
어둠의 장막이 길을 가로막고
비정한 속삭임에 쌓여 홀려도
지쳐 힘든 나를 위해 눈물을 흘릴 수 있다면
넘어지고 쓰러짐을 막은 대지의 버팀목 되어
그저 계절의 들러리로 스쳐갈 수도 있다
그 흔적만으로도 너무도 깊어
아직도 쥐고 있어야 할 인생이라
이제라도
마른 가지에서 안간힘 쓰는 낙엽처럼
나를 아끼지 않으면 아끼는 나는 없으니

아름다운 그 존재를 위해서
얻을 수 없는 욕망에 흔들리지 않아도 된다
때때로 낯설어 넘어져도
따뜻해지는 날까지
세상 모든 실수의 슬픔을 기억하며
안타까이 떨리는 마음으로 살아갈지라도
어여삐 다행인 건
나는 너의 기억에 있고
시간이 지나도 사랑은 사라지지 않는다

사는 이유 하나에

힘들 땐 하늘 봐
그래도 고개가 떨구어지면
눈물이 어른거리는 끝에
그들도 살아가는
작은 풀과 꽃들이 있다지
있어야 살 수 있는 것 같지만
없으니 애쓰며 얻는 것이더라니
그 뿐만은 아니지
놓아버린 마음 항아리 속에
찾지 않았을 뿐
포기해 버린 게 너무 많아
그래도 힘들면
밟았던 그리고 잊으려했던
풀과 꽃의 이름으로 살아
지은 죄는 갚고 가야지

사랑이라면

들녘의 야화
빗물에 젖으면
그 이름은 몰라도
이 비 속에 무엇이 젖을까
세월을 받아내면서
어찌하여 헤매이는
허공은 떨고 나는 우는데
너는 달래주는구나
변함없이 어머니처럼
오늘도 너는

사막꽃

익어가는 노을 속에 세월을 걸쳐놓고
저 언덕에 이름 모를 꽃들이 피어난다
아주 먼 곳에서 보내주는 바람이
어른거리는 별의 눈물을 닦아주면
여명의 햇살을 믿으며
사막의 찬 밤을 견딘다
이루지 못한 삶에도
제 뜻에 사는 줄 알았으나
그대가 한 올 한올 엮어주는
그리움에 안겨 사는 거였고
믿어서 사랑할 수 있고
사랑하여 그리워하노라니
그대 있어 사는 거라고

사색의 변명

바쁜 건 세월이언가
뫼봉우리에 흰 구름 스미어
또 한 계절에
아쉬워할 자취로
낙엽이 생각을 묻는다

새 한 마리

벗어나야한다
아름답게 날아가야 한다
새장 속에 안주하며
먹이를 구걸하지 않아야한다
길들여진 사랑에서 떠나야지
깎여지는 조각에서 벗어나야지
길가에 차이는 돌맹이처럼
구른다고 하여도
내가 아닌 나로 숨겨갈 수는 없다
난 너 없이는 한낱 배부른 노예에 불과했으니
아무리 배불러도 행복할 수 없다
나는 진정한 사랑을 외치지 않을 수 없다

이제는 두려움도 견뎌야지
만만치 않은 허공, 스스로

상처 입은 채로 훨훨 날아가야지
나의 기억에 없는 나무와
나의 추억에 없는 바위에도
주어진 그늘의 도피, 저 별빛을 향하여
자유의 그림을 그리며 날아가야지

생각먼지

반잔
채울까 말까
채우면 넘칠 것 같고
그냥두면 모자랄 것 같다
한참후에나
처음에는 비워 있었다는 걸
알아내고서야
잔에 뚜껑을 올려 놓았다

서민

끊어진 다리 앞에서
비로소 길을 잃은
가여운 본능의 짐승이라야
또 가을이 와봐야
홍수에 떠내려가고
헤매던 그 여름에
달이 먹구름을 가릴 수 없을 때에도
허리끈은 끊어내지 못했다
취미가 사는 거라고
한 무더기 돌 틈에 피어난
꽃을 보고 부끄러워 할 줄이야

서민의 달

가게 문 닫고
뉘인가 하였더니
달빛에 우는 풀벌레인가
더위에 절었으니
저 대추 붉어갈 것이나
내다 팔 장은 서지 못하거니
빚을 내서 빚을 막을
손 비는 그것이야
큰 가지에 걸린 빛 따라
늙는 세월을 탓하지 않으련데
어이 큰 보름달 뵈오고
굶지 않을 끼니의
작은 소원을 빌지 못하더라고
뉘인가 하였더니
참회가 늦지 않았기를
달빛에 풀벌레 울기만 하고

섬 하나의 사랑

오래된 돌담에 황혼이 걸터앉으면
내릴 수밖에 없을 첫눈처럼
포말에 그을리는 섬에는
바람에 휘어지면서도
매력적인 미소의 해당화가 있었다
먼 훗날 마음이 아프면
미련을 흘려보내라며
마른 나뭇가지에 그리움이 걸리면
사랑은 늙지 않고 꽃은 피어 있을거라고
첫눈이 내리던 그 계절을
잊어버린 오늘에서야
바람 차갑게 입 다물어버리면
미련스레 또 외로울까
해질녘에 꽃 하나가 또 피어난다
노을 예쁜 저 울타리에

섬

바람에 날려 와
구름바다에 나려 쉴까
지친 파도에 깨었다가
그 파도 잔잔할 적에
석양에 선잠을 자겠구나
통통통
애써 조리시는 어머니는
아버지 오실 때까지

설빙화(雪氷花) I

행운이라지
너를 만나는 것이
길 좁은 눈 숲에서
깃 세우고
너도 봄볕을 기다리나 보다

설빙화(雪氷花) II

없다
없다
없다

이기적인 몹시도 이기적인
오늘도 못 잊거니
잊을 만 하면 아픈 세월
아름다운 사람은 세상이 슬프다
독가시의 상처
깊어갈 수록
미련스레 또 외로울까
외롭지 않을 날에는
지난 계절의 낙엽이 생각을 묻는다

그리고

이 눈밭의 꽃 한 송이
있을 리 없다는 절망 속에도
그대 있어 사는 거라고

섬노을

지난 해 마른 이파리
가늘어진 허리로
해거름녘에 낚시 드리운다
알 수 없다
많이 늦었을지도
확신할 수 있는 건 그거뿐이다
기러기 집 찾는 허공 그을려가고
섬 넘어 굶었을 끼니에
윤슬마저 구름이 몰아가면
더는 허락하지 않을 양
말없이 밀려오며 또 말없이 가는 게
어디 세월뿐이랴
어떻게 살았을지
대신 울어주는 파도가 없었더라면
희망은 내일에 볼 수밖에
의심하지 않을 저 섬
존재로 있을 그 까닭이다

쉼터

이루지 못했다고 해도
바랄 것 없이
하루를 받아내는 건
존재하는 당신의 이유로
그것이면 된다

소고(小考)

작다고 아려하지 않으며
크다고 옹골짐을 외우지 않아도
크고 작은 것은 없었으니
푸지게 늘어놓음에도
엷게 발라놓은 것에도
맑은 구름이 말없이 흐르는 깃 마냥
산다는 것은 명심(明心)을 캐는 것으로
내어놓은 마음만큼 나이 든다며
슬기와 지혜를 늘 소망하며
어설픈 지식에 기대려 하지 않았다
하여, 내가 나의 스승이었다

소나기

볕 가린 빗방울에
푸르게 나래 펴고 부산하다만
눈 깜박 할 새 별것 아닌듯
하얀 구름 오르면
뫼기슭에 누워 쉬면서
지나갈 비에
저 잎도 회상하겠지
좋은 지금을

수련

믿었다
오랜 꿈의 전설
기다렸다
긴 세월의 우직함

마침내 호수에 피는 달

시련

뭉클한 느낌
추위를 겪지 않았다면

오!
이 봄 햇살을

순창 오일장

닷새마다
아버지에 또 아버지 살던
좁은 산길에 탁주 한 잔은 낙이었다지
텁텁한 입가심에 훔치는 옷소매로
쌓인 건 풀고 쌓는 건
푸념에 한 잔
수인사에 또 한 잔
어림없는 농에 또 한 잔
뙤약볕 해 그림자 여쭈어 기울까마는
아니 늙는 세월은 흐르라 보내주고서
떨리는 술잔에 노을이 채워지면
주면 주는 대로 받으면 받은 대로
옛 풍월 취해 사는거라지만
마중 나온 손자 고사리 손이면
무얼 더 바랄 것인가
기다리는 닷새에
아버지에 또 아버지 사는 것을...

시연(施緣)

산마루 넘는 안개여

너무 애쓰지마라

그라니도 아픈 삶이 더 고달파진다

닿았다는 인연 그리고

맺었다고 미련도 무상할세

놓고간 습기에 만초가 숨 쉬노니

남기고 갈 건 있어도

가지고 갈 건 없다더라

어머니의 세월

서늘하게
잎새 흔들리는 하늬바람처럼
언제부터 당신은 당신이셨나요
바지런한 새벽녘 이슬에 젖어
낮은 지붕에 햇살 앉히고
흙 담장 곁으로 하얀 찔레꽃 여물면
비스듬히 뉜 빈 굴뚝의 동리 어귀와
굽은 논밭에 저물어갈 하루
지친 소는 지게 진 지아비를 이끌고
마저 이던 소쿠리가 겨운 지어미로
석양 뫼마루 무심히 뒤따라오면
쉬어가라고, 어여 쉬어가라고
소쩍새가 대신 울어 주건만
고개 넘어온 조각달빛에
장독 정화수를 올려놓으시고서야

밤새 옷을 기우며 헤진 세월 삼아

등불 대신에 별을 켜는

밤하늘을 우러르시며

왜 어머니는 어머니로 사는 들꽃이셨나요

안개꽃

하얗게 피더라니
여러 갈래의 안개 속에서
꽃이 되는 이슬이라면
얼마나 울어야 꽃이 되는가
누군가를 사랑한다는 것에
아름답지 않은 것이 있으랴마는
언제 시작했는지는 알 수 없이
부족한 내안의 사랑이기에
울어 꽃이 될 수 있다면
누군가가 아닌 너를 위해
기꺼이 막막한 안개 속에서
아름다워야 할 너를 위해
별보다 더 돋보이는 추억에
소리 없이 울어 피는 꽃이여

애수(哀愁)

늦은 비 내리는 해 저물녘
끌리는 꽃송이 하나 보았다
나처럼 달빛에 소원 빌었을 거라고
지난날을 별들에 맡기고
달을 보며 울고 있는 풀벌레처럼
가벼운 상처 하나 없을까
겨울 눈 걷는 꿈을 꽃잎에 그리며
오래된 기억 불러오는
저 높은 달에 잠 걸어두고
빛에 취한 이 창가에서
나무 뒤에 숨어 우는 낙엽 소리 들리면
외롭게 하던 너도 외로워하겠지

애추(哀秋)

긴 여운의 울음인가
며느리밥풀꽃은 익어지도록
휘이도록 울적하이
달빛 아래 벌레들
쉬 잠들지 못하겠구나
가진 것이라곤
저 달빛에 대나무 그림자를
밟지 않으려니

억새

잊어버린 탓에
볼 수 있다는 억지에도
억새는 울지 않는다
스산함에 공허한 들녘 끝에
마음 가난하지 않을 날에
언제 따스할는지
허물고 다시 짓는 계절
미치지 않고서 미치려다
할 수 없는 걸 사양하고서
무성히 생각들을 흩뿌리고
가을바람 차가워지면
어김없이 너는 피거늘

연(戀)

뫼마루 씻어 내리는
늦여름 비에
소나무 가지 흔들리면
보고 싶다 하니
무심히 떠오르는 건
너밖에

연꽃

애타게 누구 기다리나요
꽃잎 세월처럼 지나가도
그냥 사는 게 아니라
그냥 사는 것이지요
해 뜨면 반가웁고 들바람 시원하면
이렇게 고마운 걸 더 바라야 하나요
들리지 않아도
보이지 않아도
작은 호수 흔들리는 소리
물비늘에 비치는 노을빛
더 없다고 하여도
더 없어도 되는걸요

연모(戀慕)

이 한밤
불빛은 꺼져가고
또 세찬 비바람 소리에
얼마나 많은 꽃잎이 떨어지는가
초록빛 짙을 풀잎에 맺히고
천둥 빗소리 울리는
저 황량한 산비탈에
어느 새소리 들리언가
아득한 허공 속 비 맞는 둥지에
밤새 버드나무에 앉아
소리 없이 울었더라지

연밥

준비는 되었어요
맑을 때도 흐릴 때에도
흔들리는 마른 계절의 끝에
목마름에 잎새 곁에서
오시든지요. 가시든지요
서운하지 않을 까닭입니다
익숙하지 않을 더 오래된다해도
보내지 못한 배웅에
행복해서 불안하다며
너무 울어 텅 비었을 거라는
알알이 박힌 연자육
가을은 품어 익어 가는데
보내지 못할 준비는 마쳤습니다
세월 더 흐른 뒤에도

위로

고마웠다고
애써 참아도
지나가는 한 줌 바람에
풀어내는 삶의 갈증
다시 또 되짚어보며
벽공의 하얀 구름 이고
세월 잊는 청람의 뫼마루에
되새기는 당신의 그 말을

은유하는 삶

특별하지 않아도
존재할 까닭에 살며
내일이 이 순간보다 나을 거라는
그 믿음이 허망하다 하여도
앞길에 뿌옇게 가려진 데는
기대하지 않을 이유로 덜 우울해하고
세월을 보내고 얻은 것이란
풀을 품는 들녘을 배우며
흔한 존재라는 것을 알아차릴 때까지
잠 못 들어 부끄러운 밤
안개 쌓인 호수를 가슴에 넣고서
어리석은 흔적을 지워가는 거라고
흐르는 건 보내주면서
사람답거나 인간적이거나

이방인

버림받아
가장 약한 존재

우리 아닌 우리 곁에
독사에게 눈물 대신 독이 있다

머리를 세워
어쩌다 올려 보는
하늘은 두어 번 뿐
아예 보지 않는 날이 많다

그렇지 않았다면
살아남지 못했다고

인내

오래된 은행나무 밑에서
파란 부채로
시원한 바람을 기다리며

일심동백

백설에 붉은 동백이라
푸름에 변치 않음을
동백에 그려놓고
일심을 보내고픈 그 마음이야
하얀 눈 내리는 길목에
그때 그 마음
사르륵 사르륵
혹하는 건 없더라니
그저 녹은 심정을
눈 소리는 알겠더라고

잠자리

고작 그것은 아닐게다
보여주려는 게
이리저리 고난의 기억을 날려도
장담하기 어려운 여린 몸체에
얇고 가벼운데 가냘프기까지
무엇을 얻기 위하여
서슴지 않는 눈동자의 미혹에도
풀잎 꼭대기 앉아
날리려는 역풍을 찾아내더라니
그리고 마침내
선한 체에 속는 순수를 향하여
넓은 허공이 침묵할 때면
세월을 낚는 고독한 비상이여

저녁이슬

활짝 핀 꽃잎에
오래된 바람이 분다
한눈에 건너면 보인다는
남은 고갯길 하나
호수 잔물결이 속울음에 떨고
황혼은 식어간다
허물어지는 것들에
안개에 피어나는 것마저
흉내 낼 수 없는 뻔뻔함으로
산다는 건 아니었다며
달궈진 바위에
이슬 떨어지고 별이 뜬다

집념

기다리는 마음이라면
한 번은 꽃이 되리라
바위 밑에 무지개 뜰 때까지
이별처럼 떠나던
계절은 되돌아오리라
아무도 눈길 주지 않은
고갈된 시각화 속에
시간의 존재는 내 편이리라
화석의 고사리 될지어도
영혼을 넣어 기다리는
미련은 끝나지 않으리니
꽃이 되는 날까지

진달래

한 줌의 노을을 쥐고 가슴에 담는다
기꺼이 웃을 수 있노라니
기쁜 이때를 위해
눈물을 달래지 못한 인내라해도
기슭에 내릴 혼이라면
꽃이 필 때 숨을 죽여야지
새 생명의 환희를 위해
어스름한 허공에 빛이 날 때까지
어둑한 땅에 향기 퍼질 때까지
봄을 보며 사라져가야지
그때 떠나셔야 했던 님의 뜻이기에
바라마지 않으리라고
서러울 수 없는 별을 올려보며
가슴에서 꽃 속삭일 때면

슬퍼할 새 없이
꽃이 피면 바위 뒤에서 사라져가야지
아무도 기억이 나지 않을 그때처럼

추사(秋蛇)

시집 한권을 들고 맞는
오, 갈색 미소의 아침
이끼 낀 바위 위의 가을 뱀은
볕을 쬐는 것을 좋아한다지만
날들에, 꽤 낡았다는 거
하지만 알다시피
모든 것은 초가을에 시작된다는
그것은 매우 간단하였지
긴 여정의 끝이 문학이 아니기를
낙엽에 삭을 빈 길 위에
가장 큰 두려움은
아직도 울지 못한다는 거야
떨리지 않았어
아무것도 변하지 않았어
사랑을 망각한 늙은 긴 능구렁이처럼

매달린 이파리 떨어지는 걸
보지 못한다고 해도
햇볕에 그을린 시집 한권을 들고서도

착각

착한 개는 짖지 않는다
좋은 개는 짖는다
착한 인간이 아니라
좋은 사람에게
하늘은 스스로 돕는 자를 돕는다
도와주는 이는 신 뿐이며
역시 아무도 돕지 않는다
다행이면서 불행이고
불행이면서 다행이다

내가 하는 생각을
너도 할 수 있는 데

천변 노을

어느 무렵에도
일부러 찾을 건 아니더라도
쉬어가는 이유는 분명하다

천변도 붉고 허공도 붉고
물마저 붉게 흐르더라니
야경을 따라 들풀을 휘감는 하루에
세월보다 더 큰 세월을 보내면서
더위에 지쳤을 갈대 새로
저 멀리 솔숲 머리에 이고
물길 위로 오른 바위에 기대어
시름에 맞닿던 하루 토닥이며
노곤한 흐름에 걸어두고
천변도 쉬고 허공도 쉬고
냇물도 쉬엄쉬엄 흘러가는 게다

청춘

오래전
한 입 베어놓고
먹을 수 없는 사과

돌아 갈 수 없는 데
보이는 시간

그 때가 그러했으니
오늘이 있었다
열심히 산 건 아니라해도

하늬바람

천년의 숲
숨 깊어지고
한 방울씩 부푼 이슬, 그리고
하얀 향연에 꿀벌 날아들 적에
잊혀 질 수 없는 까닭이라면
낯선 잎새에
젖는 가루마다
더위에 단꿈 꾸는 세월이랄까
솔향이 무르익는 거라면
언제까지 그리워만 할 것인가

풀잎

풀숲의 바람 소리
계절에 우는 풀벌레처럼
볕 없는 그늘에서도
피어날 희망의 전조로
뜻하지 않는 운명에 맞서는
세상 이야기처럼
내일의 기쁨을 위한 기도

분명 그렇다
안개에 떨구는 이슬처럼
바라는 만큼 이루지 못한 것에도
서로 위로하는 곳에서
희망이 되는 날을 기억하며
견뎌내야 할 게 많다

그러기까지 막연하지 않은 건
끝나지 않는 풀길의 풀잎처럼
기다림은 있어도 끝난 건 없다

하루의 안부

아침 인사로
나는 나에게 안부를 물어요

그래요
아직 미숙해요
부족한 것도 많고요
그래서 그건 잘 알지요
그래도 오늘을 견디려고요

견디지 못할 때는
그냥 웃으려고요

어쩌겠어요
우는 것보다 낫잖아요

눈물 젖은 수건도 무겁거든요
비 내리면
들어야 하고 짊어져야 할 것에서
우산 하나 더 들어야하잖아요

그게 내가 나를 사랑하는 방식이에요
저녁에는 애썼다고 토닥이고 싶습니다

하얀 해당화 다시 피는데

가시어도
고개 넘어 가시어도
가시고 돌아 오시리라던 그 다짐
고이 미덥지 못하더라니

옷고름은 끝내 울고 말았던
또 그때가 되면
해변 곰솔 나무 늙은 세월을 받아내며
한결 같은 바위에 기댈 적에

이 그리움에
이 기다림에
고개로 돌아 오시올까
흰 해당화는 다시 피어나는데

가시어도

고개 넘어 가시어도

하얀 꽃잎 여미시고서

하얀 들국화

새벽은 지루할 틈이 없다
이슬만으로 부족했다
잔별은 차가웠다
햇살은 뜨거웠다
장마에 뽑힌 나무뿌리 밑이 아니라면
어딘가에 피어날 지
너무 작아서 아랑곳 않더니
한 때 숙여야 보이는 것에서
말이 없는 네게
대변하는 시인이 많구나

너를 보며 달래려
외롭지 않을 날에는

하얀 붓꽃

고개 숙인 꽃향기가 더 멀리 갈런지
깊은 뿌리는 보이지 않고
오늘도 기별 없이
날은 저물어간다

하일서정(夏日抒情)

 소낙비 지나가고
더위에 스미는 매미의 소리
말라가는 웅덩이의 흰 구름
비 갠 뒤 하늘 참 맑다
능소화 어여삐
늘어지는 여름이라며
그저 웃을 수밖에

함께여서

바람에 흔들리고
우두커니 안개 속에 서 있다
그리고
너를 만나고
길을 보았다
이젠 삶이 두렵지 않는다
믿어 서로가 되어

해넘이 사랑

붉은빛 노랗게 빨려들면
세상 걱정이 스러진다
거부할 수 없이 아름다운 건 옳았고
두 손 꼬옥 잡고
그래서 너였다

해바라기

하늬바람에
잎새 너울거릴까
너무도 햇살 따가워
검게 그을린 그림자에도
마다 할 수 없는 파안
너여서 행복하다

해바라기처럼

밝아오는 건 무겁지 않다
늘 그랬던 것처럼
촉촉한 흙에 믿어 사는 이유로
먼 햇살이 멀지 않고
아침에 보는 꽃이 이쁘다
태양을 향한 눈길로
저녁에 보는 꽃은 더 아름답다
햇살 긴 날에
그냥 좋은 당신처럼

행복하기 I

달콤한 순간
곧 녹을 것 같은 아이스크림

늘 두근거리며
자꾸 느끼고 싶다

그래서
나는 널 본다

행복하기 II

사는 게
희망이니까
더 바랄 게 없다
반짝이는 저 별처럼
가진 게
그것 밖에 없으니까

향수

담장의 호박 넝쿨
햇살에 반갑던 그날들
몇 해를 더 보내야
꿈과 바꾼 시간에 서성거리지 않을까

황매화

너
꽃으로 피어날 적에
세월이 사랑의 기억이라면
가시에 마음 있을 리야
연푸른 옅은 빛잎새에
가지-끝 비스듬히 치켜들며
가득 피어
자그마하여도
내가 아는 사랑이라면
슬픔에 잠긴 꿈을 깨워
하늘-끝에 핀 꽃은 너뿐인 것을

회모(悔慕)

그때 그 사람
동백꽃 피어 젖은 눈가에
하필 겨울이라니
시린 바람에 떨고
흰 눈에 떨어지는데
그때 그 사람
매달리지 못한 나의 허물이여

저 멀리
떠날 줄 모르는 두려움에도
볕이 잎 끝에 걸릴 거라는
믿음은 굳건하나니
오늘을 견디는 이유로
나아질 내일을 기다리는
나의 임이시여

12월 시민

어느 뉘가 있어
가엽다고 슬퍼하지 않았으니
아쉬워 기억할 세월에도
뒤따라 올 이를 위해
시린 바닥에 내린 뿌리까지
역풍이 흔들어 되어도
떼어진 가지에 미련 없이
세파에 푸름은 잃지 않았음을
뉘라도 이 때의 얼로써
고이 당신들의 아름다움을
뵈었다 하지 않으리

설빙화

| 발행_2025.09. 25
| 인쇄_2025.09. 25

| 글쓴이_ 정이담
| 편 집_ 제이비디자인
| 발행처_ 제이비(JB)
| 출판등록번호 _제2018-000009호
| 주 소_ 전주시 덕진구 석소로 9-4
| 전 화_ 063-902-6886
| 이메일_ jb9428@daum.net

값 15,0000

ISBN 979-11-92141-54-1

| 파본은 구입하신 서점이나 출판사에서 교환해 드립니다.
| 이 책은 저작권법에 의해 보호를 받는 저작물이므로 무단전재와 복제를 금합니다.